Au bord de la mer...

LA MÉDUSE JOUE AU FANTÔME

Textes et illustrations
Christophe Boncens

Près d'une plage, au fond de la mer, trois petits gobies nagent vers une grotte sous-marine.
Le plus téméraire des trois s'écrie :
– Il paraît que cette grotte est hantée ! Qui a le courage d'y entrer ?

Le plus petit des poissons, nommé Embrun, recule d'une nageoire, tout tremblant.

Ses deux compagnons s'adressent à lui :

– À toi de nous prouver ta force. Si tu n'entres pas seul dans cette grotte, tu ne feras pas partie de notre club privé des « super poissons ».

Terrorisé, Embrun ne bouge plus.
Il a pourtant très envie d'être sacré « super poisson ».
Tout à coup, il se décide à avancer vers l'entrée
de la grotte en regardant une dernière fois ses
copains gobies.

Alors qu'il s'enfonce dans l'obscurité, il entend un bruit. Il se retourne, et découvre avec frayeur qu'une roche a refermé l'entrée de la grotte après son passage. Prisonnier, il appelle au secours. Il entend des rires, puis la voix d'un des poissons lui criant :

– Allez ! Débrouille-toi pour trouver une autre sortie !

Embrun est mort de peur !
Vite, il doit s'enfuir ! Prenant son courage à deux nageoires, il avance doucement quand une ombre noire apparaît et crie :

– HOUUUUUUHOUUUU !!!

Le poisson lève la tête et se met à hurler :

– AU SECOURS ! UN FANTÔME !

Une voix s'adresse à lui :
– Je ne suis pas un fantôme, je suis Médusa, une méduse qui adore jouer au fantôme, ce qui est très différent !
Embrun pense alors à sa maman. Elle lui a toujours conseillé de se méfier des méduses car elles ont le pouvoir de piquer. Il recommence à hurler :
– AU SECOURS ! UNE MÉDUSE !

La méduse s'approche de lui :
– Chuuut ! N'aie pas peur ! Je ne te veux aucun mal. Je suis beaucoup plus gentille que tes amis ! Ceux-là, ils t'ont vraiment joué un sale tour !
Embrun se calme et demande :
– TU NE VAS PAS ME PIQUER ?
– Bien sûr que non, je pique uniquement pour me défendre, quand je me sens en danger. Viens ! Je vais te montrer un autre passage !

Une fois à l'extérieur de la grotte, ils aperçoivent les deux poissons toujours en train de ricaner.

La méduse regarde le petit gobie en souriant :

– C'est à ton tour de leur faire une bonne farce. Viens, j'ai une idée !

Embrun se cache derrière elle, en hurlant :

– HOUUUUUHOUUUU !!!

Épouvantés, les deux poissons s'enfuient à grands cris :

– UN FANTÔÔÔME !!

Après avoir pris sa revanche et s'être bien moqué d'eux, le petit gobie est allé tout leur raconter. Tout d'abord vexés, ils réalisent ensuite qu'ils se sont montrés bien cruels avec leur petit camarade.

Pour se faire pardonner, ils le nomment « CHEF DES SUPER POISSONS ».

À son tour, Embrun décore son amie Médusa, « CHEF DES SUPER FANTÔMES ».

Jouons avec Médusa !

À l'aide de quel rocher les deux gobies ont-ils fermé l'entrée de la grotte ?

Dans la grotte, Embrun aperçoit une ombre. Laquelle correspond à celle de Médusa ?

Réponses : jeu n°1 : B / jeu n°2 : C.

Parmi ces différentes sortes de méduses, certaines n'existent pas. Lesquelles ?

B

A

C

D

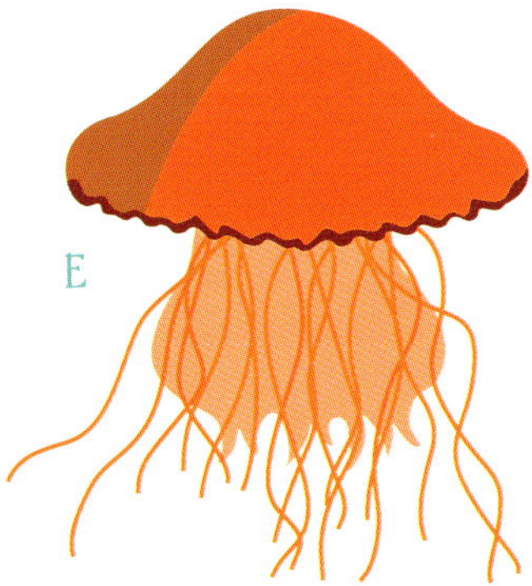

E

Réponses : Les méduses B et D n'existent pas.

Dessinons Médusa !

A – Commence le dessin par
le corps de Médusa.

B – Dessine deux gros yeux ronds.
Gomme le trait du corps qui passe
dans les yeux.

C – Dessine une bouche
qui fait peur.

B – Ajoute les tentacules
de Médusa.

Crée un joli décor et colorie ton dessin représentant Médusa.

Découvrez également la collection :

Dans la forêt...

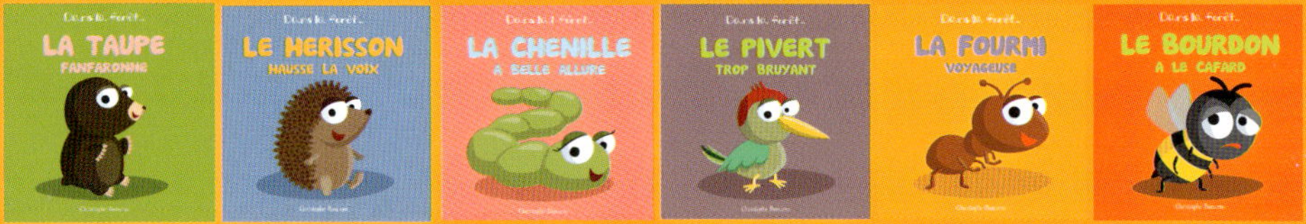

www.christopheboncens.fr

ISBN 978-2-84346-463-8

Kerangwenn - 29540 Spézet/Speied

Photogravure Quat'Coul Quimper.

Imprimé en Italie par L.E.G.O.
Dépôt légal : 2ème trimestre 2011

label jeunesse des éditions coop breizh

C'est aussi l'anagramme de *bugale*, qui en breton signifie : enfants.

« Loi N°49-956 du 16 juillet 1949 sur les publications destinées à la jeunesse. »

www.beluga-jeunesse.com